무엇이든 골고루 먹어요

똑 부러지는 어린이
① 식습관 편

똑 부러지는 어린이
① 식습관 편

무엇이든 골고루 먹어요

이서윤 글·국민지 그림

전국교사작가협회 **책쓰샘 선생님들의 추천평**

■ 빨간 공책을 펼치는 순간, 편식 대장들의 흥미진진한 모험이 시작됩니다! 신기한 공책과 함께 하는 모험을 따라가다 보면, 어느새 '똑 부러지는' 어린이로 성장한 자신을 발견하게 될 거예요.
_민은정 선생님

■ 먹기 싫지만 억지로라도 먹어야 하는 것도, 먹고 싶지만 조금만 먹어야 하는 것도 있어요. 그 음식들을 왜 먹어야 하는지, 또 왜 조금만 먹어야 하는지 친구들을 통해서 이야기해 줘요. 앞으로 어떤 것을 더 많이 먹고, 어떤 것을 적게 먹을 건지 이 책을 읽고 생각해 보면 좋겠어요.
_배혜림 선생님

■ 골고루 먹을 수 있는 즐거움과 감사함을 깨닫게 해준 책입니다.
_김미나 선생님

■ 매일 식사 시간이 모험이 되는 마법, 아이들의 마음을 열어 건강한 식습관으로 이끄는 따뜻한 판타지!
_송수연 선생님

■ 이 책은 재미있는 상상력을 통해 올바른 식습관 형성의 필요성을 안내해 줍니다. 마지막 친구의 또 다른 모험이 어떻게 펼쳐질까 기대가 되는 책이었습니다.
_김재훈 선생님

■ 골고루 먹는 습관은 다양한 생각을 받아들이고 다양한 친구들과 관계를 맺는 일에도 영향을 미칠 수 있습니다. 이 책은 재미있는 이야기를 통해 아이들 스스로 '골고루 먹는 것'에 대해서 생각해 볼 수 있는 기회를 주는 좋은 책입니다.
_전윤희 선생님

■ '야채 먹어라', '군것질 그만해라' 잔소리보다 편식 타파에 효과 좋은 책입니다. 신기한 빨간 공책이 편식하는 주인공들에게 전해 주는 마법 같은 이야기! 자연스럽게 균형 잡힌 식습관의 중요성을 깨닫게 해줄 거예요.
_윤서영 선생님

■ 현장에서 아이들의 식습관을 보며 안타까웠던 적이 많았는데 많은 친구들이 이 책을 읽으면서 자연스럽게 균형 잡힌 식습관을 배울 수 있을 것 같아요.

_엄월영 선생님

■ 급식 시간 아이들의 식판을 들여다보면, 고기반찬 또는 좋아하는 반찬들만 수북이 담고 나물이나 채소 반찬은 먹지 않는 경우가 많았어요. 하지만 정말 채소나 물이 사라져 버린다면? 이 책을 읽고 나면 아이들이 상상해 보지 못했던 경험으로 음식과 건강의 관계를 깨달을 것 같습니다. 쉽고 가볍지만, 결코 가볍지 않은 동화네요.

_강민정 선생님

■ 내가 싫어하는 음식이 없는 세상, 내가 좋아하는 음식만 있는 세상이 있다면? 어린이들의 바른 식습관 형성을 위한 재미있고도 사랑스러운 이야기가 펼쳐집니다!

_박나리 선생님

■ '편식하지 마라', '라면 그만 먹어라' 같이 잔소리하는 것보다 이 책 한 권이 지도에 더 유용하다고 생각합니다. 학생들의 마음을 움직이는 것은 결국 한 편의 좋은 이야기 아닐까요? 모든 어린이들이 골고루 먹어서 몸과 마음이 건강하게 자라길 바랍니다.

_정희선 선생님

■ 신기한 빨간 공책과 함께라면 무엇이든 골고루 먹을 수 밖에 없을 것 같아요. 아이들의 시선에서 자연스럽게, 쉽게, 친근하게, 재미있게 바른 식습관을 익히게 되는 신기한 책! 초등학생 어린이들에게 적극 추천합니다.

_권리라 선생님

■ 《무엇이든 골고루 먹어요》는 채소 없는 나라, 물 없는 나라 같은 황당한 세상을 여행하며 건강한 식습관을 배우는 초특급 모험 이야기입니다. 재밌게 읽다 보면 어느새 편식도 쏙 사라지는, 부모님도 아이도 만족하는 유쾌한 필독서입니다.

_김샛별 선생님

■ 좋아하는 음식만 먹고 싶은 편식 대장들! 내가 싫어하는 음식들이 다 사라졌으면 하고 바란 적 있나요? 여러분의 상상을 현실로 만들어 줄 빨간 공책과 함께 모험을 떠나 볼까요?

_김보라 선생님

■ 학교 급식 시간 아이들을 살펴보면 편식하는 아이들이 생각보다 정말 많습니다. 또래 친구들이 나오는 이야기를 통해 아이들에게 골고루 먹는 것의 중요성을 알려 주고 인스턴트 음식에 대한 경

각심을 일깨워 줄 수 있는 책이라고 생각합니다. 어른인 저도 이야기가 재미있고 실감 나 순식간에 빠져들어 읽게 되었네요.

_박정은 선생님

■ 골고루 먹으라는 잔소리보다 더 효과적으로 아이들의 편식을 바로잡아 줄 책! 아이들이 스스로 깨닫고 골고루 먹을 수 있도록 도와주는 책입니다.

_이윤정 선생님

■ 초등 저학년 학생에게 핵심적인 '올바른 기초 생활 습관 형성'에 큰 도움이 되는 동화입니다. 재미있는 이야기를 따라가다 보면 식습관의 중요성을 깨닫게 될 거예요.

_유초록 선생님

■ 엄마의 백 마디 잔소리보다 더 효과적인 이서윤 선생님의 재밌는 동화. 아이가 책을 다 읽고 나서 '편식 나라에 가고 싶지 않아!'라고 저절로 말하네요.

_김연수 선생님

■ 이 책은 패스트푸드를 좋아하는 아이들이 흥미진진한 사건을 통해 '진짜 몸이 원하는 음식'을 발견하는 과정을 유쾌하게 그려 냅니다. 이야기를 따라가다 보면 아이들은 자연스럽게 균형 잡힌 식습관의 중요성을 깨닫고, 건강한 음식이 우리 몸을 어떻게 변화시키는지 직접 경험하게 될 거예요.

_이고은 선생님

■ 참신한 상상력으로 우리 아이들이 골고루 먹도록 안내하는 즐겁고 유쾌한 책!

_장성민 선생님

■ 학교 급식은 먹는 둥 마는 둥 하고, 학교 끝나고 편의점에서 컵라면을 사 먹거나 당 폭탄 간식들을 사 먹는 아이들에게 꼭 필요한 책입니다. 편식 대장 민준, 서연, 록이의 흥미로운 모험을 함께 따라가다 보면 어느새 우리 어린이들도 음식을 골고루 먹는 습관을 가질 수 있을 거예요.

_김주원 선생님

■ 빨간 공책이 생긴다면 '편식'이라고 적어 보고 싶은 엄마의 욕심이 생깁니다. 아마도 이 책을 읽으면 굳이 빨간 공책이 필요 없을지도요. 아이들에게 엄마의 잔소리보다 탁월한 효과가 있을 동화책입니다.

_김영선 선생님

- 신기한 모험의 세계로 떠난 아이들의 마음에 깊이 공감합니다. 책을 읽으며 어린이들은 바람직한 식습관을 형성하는 것의 가치와 중요성을 깨달을 수 있을 것입니다.

_조은혜 선생님

- 아이들에게 가장 필요한 주제를 다루고 있고, 재미있는 구성의 동화라 순식간에 몰입하여 읽었습니다. 책이 출간되면, 이 동화로 아이들과 함께 영양 교육을 해보고 싶은 생각이 듭니다. 상상만으로도 너무 재미있는 수업이 될 것 같네요.

_박민선 선생님

- 아이들 스스로 다양한 음식을 시도해 보고, 영양소가 풍부한 새로운 맛의 즐거움을 발견할 수 있는 책입니다. 이서윤 선생님이 전하는 흥미진진하고 재미있는 영양소 이야기로 떠나 봅시다!

_최윤영 선생님

- 이 이야기는 마법의 빨간 노트와의 만남을 통해 아이들이 주인공의 특별한 경험을 따라가며 자연스럽게 균형 잡힌 식습관이 중요하다는 것을 깨닫게 합니다. 어른들의 잔소리와 강요가 아닌 이야기 속 모험을 통해 스스로 답을 찾도록 도와준다는 점이 인상적입니다.

_황지현 선생님

- 자극적인 음식에 빠진 아이들을 위한 힐링 동화! 아이들의 식생활을 변화시킬 수 있는 음식 이야기가 재치 있게 펼쳐집니다. 마법 같은 모험을 통해 아이들 스스로 깨닫게 되는 '똑 부러지는' 동화, 다음 편도 기대됩니다.

_소라 선생님

- 골고루 먹어야 하는 이유? 엄마나 선생님의 잔소리보다 이 책 한 권이면 끝!

_홍은채 선생님

- 편식쟁이 아이들에게 골고루 먹는 즐거움을 스스로 깨닫게 하는 책!

_서지예 선생님

- 이 책은 편식이 우리 몸에 어떤 영향을 주는지 재미있는 이야기로 알려 주면서 좋아하는 음식만 먹었을 때 벌어지는 상황을 흥미롭게 보여 줍니다. 아이들이 스스로 건강한 식습관을 기르고 싶은 마음이 들 것입니다.

_김원배 선생님

작가의 말

안녕하세요. 저는 이서윤 선생님이에요. 만나서 반가워요. 여러분, 오늘 학교 급식 맛있게 먹었나요? 선생님 반에 있는 어떤 친구들은 종종 급식을 남긴답니다. 미역은 미끈거리는 느낌이 싫고, 오이는 냄새가 싫고, 양파는 맵고, 고사리는 물컹거린다면서요. 이유도 참 다양하지요?

그런데 부모님과 선생님은 왜 자꾸 싫어하는 음식을 먹으라고 할까요? 채소는 몸에 좋으니까 맛이 없어도 먹어야 한다고 하고, 맛있는 과자나 라면, 탄산음료는 몸에 안 좋으니까 먹지 말라고 하면서요.

이 책에 나오는 민준이, 서연이, 록이는 싫어하는 음식은 안 먹고 좋아하는 음식만 먹으려고 해요. 한마디로 편식 대장들이지요. 그러다 우연히 신기한 빨간 공책을 줍게 되고, 채소 없는 나라, 물 없는 나라, 과자와 불량 식품만 있는 나라에 가게 돼요. 굉장히 좋은 곳 같지요? 과자랑 탄산음료는 그만 먹고 채소 좀 먹으라고 잔소리할 사람이 한 명도 없을 테니까요. 과연 민준이, 서연이, 록이는 그곳에서 어떤 일들을 겪을까요?

여러분도 상상해 보세요. 이야기 속 친구들처럼 여러분이 싫어하는 무언가가 '없는' 나라로 갈 수 있다면 어떤 나라에 가고 싶나요? 혹시 새로운 나라에 갔다가 못 돌아오면 어떻게 하냐고요? 걱정하는 친구들을 위해 비밀을 하나 알려 줄게요. 깨달음을 얻으면 돌아올 수 있다는 사실을 꼭 기억하세요! 자, 그럼 편식 대장 친구들! 신기한 공책과 함께 모험을 떠나 볼까요?

2025년 3월

이서윤 선생님이

차례 ◆

추천의 글   4
작가의 말   8

이상한 빨간 공책을 줍다!   12
급식에 채소가 안 나오면 좋겠어   22
햄버거와 라면의 맛있는 유혹   28
채소 없는 나라에 도착하다!   33
화가 난다, 화가 나   40

빨간 공책의 새 주인   50

탄산음료가 있는데 물을 왜 마셔?   53

엄마한테 들키면 큰일인데…   58

물 없는 나라로 보내 줘!!   61

뼈에 구멍이 숭숭 뚫린 사람들   67

과자 먹었는데 밥도 먹어야 해요?   76

과자와 불량 식품만 '있는' 나라   81

가장 달콤한 건 가족의 사랑   88

다음 신기한 나라는 어디일까?   94

이상한 빨간 공책을 품다!

"민준아, 빨리 일어나! 오늘도 선생님한테 혼나려고?"

"음…. 엄마, 오 분만. 아직 졸리단 말이야…."

"늦었어, 이 녀석아! 얘가 누굴 닮아서 이렇게 게으르다니?"

민준이는 '누구긴요, 엄마 닮아서 이러는 거죠. 몰라서 그래요?'라고 말하려다가 참았어요. 아침마다 누가 민준이 눈에 쇳덩이라도 달아 놓는지 눈꺼풀이 천근만근이에요.

'잠자고 밥 먹고 게임만 하고 살면 얼마나 좋을까?'

"어서 세수하고 아침 먹어야지."

엄마는 어서 일어나라고 재촉했어요.

"민준아. 아침마다 전쟁이다. 전쟁. 엎어지면 코 닿을 거리에 있는 학교에 다니면서 매일 지각하면 선생님이 뭐라고 하겠니? 쟤는 뭐든 늑장 부리는 게으른 애라고 할 거 아니야."

"알았어요."

엄마는 매일 잔소리만 해요. 친구네 엄마들도 아침마다 이럴까요?

민준이는 세수하고 옷을 갈아입고 의자에 앉았어요. 식탁에는 미역국, 계란프라이, 배추김치, 고사리, 시금치, 오이장아찌가 있었어요. 어차피 민준이가 먹을 건 밥과 계란프라이뿐이었지만요.

어라, 그런데 식탁에 고기반찬이 하나도 없었어요.

"엄마, 소시지는? 어제 소시지 샀잖아요."

"아이고, 깜빡했네. 그냥 있는 반찬들만 어서 먹고 가. 채소를 많이 먹어야 건강에 좋지. 너는 항상 고기만 찾더라. 어제도 학원 갔다 오면서 햄버거 사 먹었지?"

"…네."

민준이는 쏟아지는 엄마의 잔소리에 잔뜩 풀 죽은 목소리로 대답했어요.

엄마가 주는 밥을 먹으면 꼭 소가 된 것 같아요. 채소만 가득한 식탁을 보니 한숨이 나와요. 미역은 미끌미끌한 느낌이 싫어요. 김치는 맵고, 고사리나 시금치, 오이 같은 채소들은 대체 무슨 맛으로 먹는지 모르겠어요.

"엄마, 다 먹었어요."

민준이는 계란프라이와 밥만 후다닥 먹고는 자리에서 일어났어요.

"이것밖에 안 먹었어? 다른 반찬도 좀 먹지."

"학교 늦을까 봐 대충 먹었어요."

"이거 먹고 어떻게 공부하려고 그래. 아휴, 급식 시간에는 잘 챙겨 먹어야 한다. 알았지? 이따 학원 끝나고 또 햄버거 같은 거 사 먹지 말고."

"네. 학교 다녀오겠습니다."

민준이는 엄마의 잔소리를 한가득 등에 지고 현관문을 빠져나와 엘리베이터를 기다렸어요. 엘리베이터 문이 열리자 민준이는 깜짝 놀라 엉덩방아를 찧을 뻔했어요. 흰 수염을 배꼽까지 기른 할아버지가 지팡이를 짚고 서 있는 게 아니겠어요?

"꼬마야, 엘리베이터 안 타니? 어서 타렴."

"네."

민준이는 할아버지가 조금 무서웠지만 학교에 늦을까 봐 재빨리 엘리베이터에 탔어요.

쿵쾅쿵쾅 심장이 빠르게 뛰었어요.

"너는 이름이 뭐냐?"

"네? 저요?"

"여기 엘리베이터에 너 말고 누가 있냐?"

'엄마가 모르는 사람하고 말하지 말라고 했는데.'

민준이는 그냥 할아버지 말을 못 들은 척 딴청을 피웠어요. 그러자 할아버지가 버럭, 호통을 쳤어요.

"이름이 뭐냐고!"

"이, 이민준입니다."

"이민준? 그래. 너는 좀 뚱뚱한 편이구나."

"네?"

처음 본 할아버지가 민준이에게 뚱뚱하다고 말하자 기분이 나빠지려고 했어요. 그때였어요.

"이제 너에게 특별한 일이 일어날 거다."

할아버지는 알 수 없는 말을 하더니 갑자기 지팡이로 민준이

의 머리를 톡 건드렸어요. 민준이는 놀랐지요.

'진짜 이상한 할아버지야. 기분이 이상해.'

민준이는 황급히 엘리베이터에서 나와 빠른 걸음으로 학교로 향했어요. 그런데 등굣길에 웬 공책이 떨어져 있었어요.

'이게 뭐지?'

민준이가 호기심에 공책을 집어 들자 공책에서 빛이 눈부시게 뿜어져 나오는 것처럼 보였어요. 민준이는 뭔가 잘못 본 게 아닌가 싶어 눈을 비비고 다시 공책을 보았어요. 어느새 공책이 뿜던 빛은 사라지고 표지에는 '( )이 없는 나라'라고 쓰여 있었지요.

빨간 표지의 공책은 마치 '나를 가져가 줘!'라고 간절히 외치는 것 같았어요. 민준이는 공책을 훑어봤어요. 첫 번째 페이지에 이런 글귀가 적혀 있었어요.

> 여러분은 이 세상에서 완전히 없어지면 좋겠다 싶을 정도로 싫어하는 것이 있나요? 이 공책에 적어 보세요. 그것이 '없는' 나라로 여러분을 데려다줄 것입니다. 공책을 펼치고 세상에서 사라지길 원하는 것을 적어 보세요.

이상한 빨간 공책을 줍다!

'에이, 말도 안 돼. 그래도 신기하니까 일단 가져가야겠다. 지호한테 보여 주면 엄청 신기해하겠지?'

지호는 민준이와 같은 반이고 가장 친한 친구예요. 착한 데다가 웃기기까지 해요.

'근데 지금 몇 시지?'

휴대폰을 봤더니 벌써 여덟 시 사십 분이었어요.

'악! 지각이다.'

민준이는 빨간 공책을 가방에 대충 쑤셔 넣고 달리기 시작했어요.

허둥지둥 뛰어가는 민준이의 가방에서 환한 빛이 잠시 새어 나오다가 사라졌답니다.

 ## 한 번 더 생각해 봐요

여러분은 채소를 좋아하나요? 여러분이 좋아하는 채소와 싫어하는 채소를 떠올려 보고 왜 좋아하는지, 왜 싫어하는지 이유를 적어 보세요.

- 좋아하는 채소:

- 좋아하는 이유:

- 싫어하는 채소:

- 싫어하는 이유:

급식에 채소가 안 나오면 좋겠어

"민준아, 우리 오늘 점심 먹고 딱지치기하자."

"김지호, 또 나한테 딱지 다 뺏기려고? 뺏기고 울지나 마라."

"야, 나 어제 엄청 연습했거든? 너나 울지 마라."

요즘 민준이네 반에서는 딱지치기가 유행이에요. 민준이는 반에서 둘째가라면 서러운 딱지치기 고수예요. 지호와 약속한 대로 점심 먹고 딱지치기를 하려면 점심을 빨리 먹어야 했지요.

'오늘 점심 메뉴로는 뭐가 나오나 볼까.'

민준이는 식단표를 보고는 비명을 질렀어요.

"으악, 오늘 시금치 나물이랑 오이소박이! 거기다가 된장국

이야."

 민준이네 반은 절대 급식을 남기면 안 돼요. 모든 반찬을 다 먹을 때까지 놀지도 못하죠. 민준이는 그게 너무 힘들어서 엄마한테 불평하곤 했어요.

 "엄마, 우리 담임 선생님은 급식을 절대 못 남기게 해. 일부러 괴롭히는 것 같아. 학교에서 학생들한테 이래도 되는 거야? 엄마가 선생님한테 전화해 주면 안 돼?"

 "잘됐다. 선생님 잘 만났어. 안 그래도 너 편식하는 습관을 어떻게 고쳐야 할까 고민이었는데 말이야. 맨날 햄버거, 피자, 빵 이런 음식만 먹고 채소는 먹지도 않고. 엄마가 골고루 먹으라고 할 때는 절대 안 먹더니 선생님이 먹으라고 하니까 먹니? 엄마도 그렇게 무섭게 할까 보다."

 "치. 엄마는 맨날 잔소리야."

 민준이는 괜히 엄마한테 툴툴거리다가 골고루 먹으라는 소리만 듣곤 했지요.

 "수아야, 나 시금치 조금만 줘."

 민준이는 오늘 급식 당번인 수아에게 조용히 말했어요.

 "들었어? 나 시금치 딱 하나만 줘."

또 한 번 조용히 말했어요. 그러자 새침데기 수아가 민준이를 째려봤어요.

"선생님! 민준이가 자꾸 시금치 적게 달라고 해요."

수아는 민준이의 은밀한 부탁을 그대로 선생님께 일렀어요.

"이민준, 싫어하는 반찬 적게 가져가려고 꾀부리면 두 배로 준다고 선생님이 분명히 말했을 텐데."

선생님은 집게로 시금치 나물을 잔뜩 집어 민준이 식판에 올렸어요.

"아악! 선생님, 이건 너무 많아요."

"뭐가 많아. 저거 봐. 준서는 너보다 더 많이 가져갔잖아. 그러게 누가 꾀부려서 친구 곤란하게 하래."

정작 수아는 아무렇지도 않은 듯 친구들에게 반찬을 나눠 주고 있었어요.

'아, 진짜 짜증 나.'

"가서 남김없이 다 먹어."

"네."

시금치도, 애호박도, 된장국도, 브로콜리도, 버섯도 싫어요. 씹는 느낌도 이상하고 맛있는 줄도 모르겠어요. 민준이는 밥 위에 뿌려진 카레를 뒤적여 당근을 몽땅 빼냈어요. 다행히 급식에 채소 반찬만 나온 건 아니었어요. 민준이가 좋아하는 떡갈비도 반찬으로 나왔거든요.

"민준아, 빨리 먹고 딱지치기하자."

"너 벌써 다 먹었어?"

"벌써라니. 얼마 되지도 않아. 얼른 먹어."

지호는 뭐든 골고루 잘 먹어요. 채소든 고기든 가리지 않고요. 그래서일까요? 지호는 민준이보다 키가 한 뼘은 더 커요. 엄마는 지호처럼 잘 먹어야 키가 큰다고 종종 말했지요.

'떡갈비는 다 먹었고, 밥도 다 먹었고, 시금치, 애호박, 된장국 안에 있던 양파랑 카레에 있던 당근만 남았네. 그런데 도저히 못 먹겠단 말이야. 정말.'

"자, 자. 급식 덜 먹은 사람들은 어서 빨리 먹고 식판 내세요. 골고루 먹는 게 얼마나 중요한지 알지요?"

시계를 보니 이제 점심시간이 얼마 남지 않았어요. 민준이는 양파를 잘게 쪼개서 혀끝에 살짝 놓고는 눈을 질끈 감고 삼켰지요.

민준이는 점심시간에 제대로 놀지도 못하고 싫어하는 채소를 먹어야 하는 게 눈물 나게 싫었어요.

'아, 정말 채소 없는 나라는 없나?'

햄버거와 라면의 맛있는 유혹

　민준이는 학원 수업을 마치고 학원 버스를 타려고 밖으로 나왔어요. 항상 버스를 기다리다 보면 건물 1층에 있는 햄버거 가게에서 풍겨 오는 맛있는 햄버거 냄새에 배가 꿈틀댔어요. 결국 민준이는 오늘도 참지 못하고 햄버거 가게로 들어갔어요.
　"불고기 버거 하나 주세요."
　민준이가 막 나와 따끈따끈한 불고기 버거를 베어 물었을 때, 창문 너머로 학원 버스가 도착한 게 보였어요. 민준이는 정신없이 나가서 겨우 버스에 몸을 실었어요. 그때 같은 학원에 다니는 새별이가 민준이를 보고 말했어요.

"너 또 햄버거야? 그렇게 햄버거만 먹으니까 살이 찌는 거 아냐. 어떻게 하루도 안 빼먹고 매일같이 먹을 수가 있냐?"

새별이의 말에 친구들이 다 같이 웃었어요.

후루룩~

"야, 정새별, 너는 햄버거 안 먹고 사냐? 왜 말을 그렇게 하냐?"

"너처럼 먹지는 않아. 이 뚱보야."

민준이는 뚱뚱하다고 놀리는 정새별이 너무 얄미웠어요.

버스에서 내리고 집에 와 보니 엄마와 아빠는 아직 회사에서 돌아오지 않았고 동생 민영이도 어디 갔는지 안 보였어요.

'이민영은 어디 갔지? 아, 공부했더니 배고픈데 내 사랑 라면이나 끓여 먹을까?'

세상에서 가장 맛있는 음식은 라면! 아니 햄버거? 피자? 어쨌든 라면은 먹어도 먹어도 질리지 않는 최고의 음식 중 하나예요. 라면이 매일 급식으로 나오면 얼마나 좋을까요? 급식으로 라면을 먹는 상상을 하며 황홀해했더니 어느새 라면이 다 끓었어요.

후루룩! 민준이는 그릇에 옮겨 담기가 무섭게 순식간에 라면을 다 먹었어요. 국물 한 방울도 남기지 않고 싹싹 긁어 먹었죠.

그때 엄마가 집에 도착했어요.

"어? 엄마!"

"민준이 너 또 라면 먹었니? 엄마가 밥이랑 반찬 해 놓고 갔잖아."

엄마는 냉장고 안에 있는 나물과 김치, 가지 볶음을 가리키며 말했어요.

"엄마가 해 놓은 음식을 왜 안 먹어. 그렇게 맨날 인스턴트 음식만 먹으니까 살만 찌고 달리기는 꼴등하고 그렇지."

"알았어요."

"맨날 대답만 알았대. 너 때문에 엄마 속상해 죽겠다."

민준이는 엄마의 잔소리를 피하려고 방으로 들어갔어요.

"오늘 하루 종일 선생님부터 정새별, 엄마까지 다들 그놈의 채소 먹으라는 소리를 몇 번이나 하는지. 아, 스트레스받아."

그때 번뜩! 민준이의 머릿속에 오늘 아침에 주운 신기한 빨간 공책이 떠올랐어요.

'어디 한번 공책에 채소를 적어 볼까? 설마 진짜 채소가 사라지진 않겠지? 그런데 혹시 모르잖아. 정말 '채소 없는 나라'에 떨어지면 어떡하지?'

민준이는 궁금하면서 동시에 걱정도 되었어요.

'내가 그 나라로 떠나 버리면 학교는 어떡하지? 엄마도 분명 나를 찾고 걱정하겠지? 에이, 모르겠다. 한번 써 보기나 하자.'

민준이는 빨간 공책을 꺼내서 펼쳤고 조심스럽게 두 글자를 썼어요. '채소'라고요.

채소 없는 나라에 도착하다!

"으아아악~!!"

글씨를 써넣자마자 민준이의 몸이 붕 떠오르더니 빙글빙글 돌았어요. 코끝에서는 고소하고 맛있는 고기 냄새가 났어요.

한참을 빙글빙글 돌던 민준이는 거실에 떨어졌어요. 정신을 차려 보니 어느새 식탁 앞에 앉아 부모님과 식사를 하고 있었죠. 그런데 엄마가 한숨을 푹 쉬었어요.

"어휴, 도대체 채소의 저주는 언제 풀리려나."

'채소의 저주? 그게 뭐지?'

"우리 민준이, 채소 안 먹어서 신나지? 그런데 그게 점점 길어

"지니까 엄마는 좀 힘드네. 너는 안 그러니?"

'대체 무슨 얘기지?'

민준이네 가족은 거실에서 TV를 켜 놓고 저녁 식사를 하고 있었어요. TV에서는 〈이것이 알고 싶다〉가 나오고 있었어요.

"채소의 저주가 시작된 것은 삼 년 전이었습니다. 갑자기 전 세계의 채소가 독성을 띠기 시작했고, 채소를 먹은 사람들은 복통과 구토 증상을 호소하기 시작했습니다. 의사들도 특별한 원인을 찾을 수 없었고 치료제가 없어서 진통제만 처방할 뿐이었습니다."

그러고 보니 식탁에는 내가 좋아하는 돼지갈비, 잡채, 소시지만 차려져 있었어요. 물론 돼지갈비와 잡채 안에 보여야 하는 주홍빛 당근, 초록빛 시금치 같은 것들은 없었지요.

"식물학자, 생물학자 등 모든 분야의 과학자들이 사태의 원인을 연구했지만 아직도 정확한 이유를 밝혀내지 못했습니다. '채소의 저주'가 시작된 지 삼 년이 지난 지금, 채소를 먹지 못해 생긴 영양 결핍, 변비, 치질, 비만 등 각종 질병으로 사람들은 괴로움에 시달리고 있습니다."

"갑자기 세상이 왜 이렇게 됐는지 정말 큰일이야."

아나운서는 물론 엄마의 목소리에도 걱정이 가득했어요.

"나 이제 도저히 고기 못 먹겠어."

민준이만큼 고기를 좋아하는 민준이의 여동생 민영이가 말했어요.

"너 안 먹을 거야? 그럼 내가 먹을게."

민준이는 민영이 앞에 놓인 고기반찬을 얼른 싹 쓸어서 자기 밥그릇에 넣었어요.

그런 민준이를 보고 한숨을 푹 쉰 엄마는 다시 잔소리를 하기 시작했어요.

"민준아, 식이 섬유 약 잘 챙겨 먹고 있지? 제대로 안 먹으면 변비 심해져서 지난번처럼 배 아프다고 응급실 간다. 채소에 식이 섬유가 풍부한데 먹을 수가 없으니 약으로라도 잘 챙겨 먹어야지."

엄마의 말을 듣자 이상하게도 갑자기 배가 아프기 시작했어요. 화장실에 가려고 벌떡 일어났는데 왠지 몸이 평소보다 더 무거웠어요.

"밥 먹다 말고 어디 가?"

"화장실이요."

그런데 화장실에 들어간 민준이는 거울에 비친 모습을 보고 깜짝 놀랐어요.

'아니, 이, 이게 뭐야? 내가 왜 이렇게 뚱뚱한 돼지가 된 거야?'

얼굴은 금방이라도 터질 듯한 풍선 같았고 허벅지, 팔뚝, 배 모

두 살이 잔뜩 올라 울룩불룩 부풀어 있었어요. 원래도 민준이는 통통한 편이었지만 이렇게 돼지로 보일 정도로 심각하게 뚱뚱하진 않았어요.

'이렇게 뚱뚱해진 건 좀 그렇지만 그래도 앞으로 억지로 채소 먹을 일은 없으니 지금이 더 나아.'

점점 더 배가 아팠어요. 민준이는 재빨리 변기에 앉았어요.

'있는 힘껏 힘을 줘라! 흡.'

'퐁당!' 하고 조그마한 게 물에 떨어지는 소리가 들렸어요. 백 원짜리 동전만 한 똥이 빨간 피와 함께 나와 있었어요.

'뭐야, 아직도 배 아픈데 겨우 이게 끝이야?'

"민준아, 밥 먹다 말고 화장실 가서 왜 이렇게 안 나와."

"알겠어요, 엄마."

민준이는 결국 얼굴이 누렇게 뜬 채로 화장실을 나왔어요.

"너 식이 섬유 약 제대로 안 챙겨 먹었지? 그거 안 먹으면 너 변비 걸려 죽는다."

"알았어요."

채소 없는 나라의 민준이는 원래 민준이와는 많이 달랐어요. 더 뚱뚱하고 무거운 데다가 변비에 시달리고 있었답니다.

다음 날이 되었어요. 민준이는 '채소 없는 나라'의 학교는 어떨지 정말 궁금했어요.

'지호는 '채소 없는 나라'에서도 잘 있겠지?'

저기 교문 쪽에 지호의 검은 가방이 보였어요.

"지호야."

민준이의 목소리를 들은 지호가 돌아보자 민준이는 깜짝 놀랐어요. 지호도 몸이 뚱뚱해진 것은 마찬가지기 때문이었죠.

"응, 민준아. 주말은 잘 보냈어?"

"잘 보냈지. 내가 좋아하는 고기만 잔뜩 먹으면서 보냈더니 천

국이 따로 없더라."

"민준이 너는 좋겠네. 나는 옛날처럼 채소를 먹고 싶어. 아삭아삭하고 시원한 오이, 매콤한 김치, 달콤한 시금치, 향긋한 깻잎이 너무 그리워."

"채소가 그립다고? 맛없는 브로콜리랑 당근 같은 거 안 먹어도 되니까 얼마나 좋은데. 아 참, 오늘 급식 메뉴는 뭐야? 엄청 기대된다. 맛있는 고기반찬만 나오겠지?"

"오늘 닭볶음탕에 제육볶음."

"아싸!"

민준이는 신나게 교실에 들어갔어요. 반 친구들도 모두 뚱보가 되어 있기는 마찬가지였어요. 그런데 한쪽에서 지민이와 재윤이가 싸우고 있었고, 다른 쪽에서는 주원이와 형준이가 싸우고 있었어요. 다들 시끄럽게 다투는 바람에 교실 분위기가 험악했지요. 친구들 모두 표정이 어두웠고 잔뜩 화가 나서 씩씩대고 있었어요.

"으아아!"

갑자기 멀쩡하던 지호도 소리를 질렀어요.

"깜짝이야. 지호야, 왜 소리를 질러?"

"애들이 시끄럽게 구니까 스트레스받잖아."

그랬더니 갑자기 여기저기서 친구들이 소리를 지르기 시작했어요. 마치 동물원 같은 모습이었어요. 성난 사자처럼 소리를 질렀으니까 말이에요. 그때 다행히 선생님이 들어왔어요. 선생님은 약병에서 흰 알약을 꺼내서 소리 지르고 있는 아이들에게 하나씩 나눠 주었어요.

'저 약은 또 뭐지?'

몇몇 친구는 습관처럼 약을 꿀떡 삼켰고 몇몇 친구는 알약을 먹지 않고 던졌어요. 그러자 선생님이 기다란 채찍을 꺼냈어요. 친구들은 놀라 겁먹은 눈초리로 선생님을 쳐다보았어요.

지호는 알약을 먹자 조금 진정이 되었는지 민준이 옆에 얌전히 앉아 있었어요.

"지호야, 애들이랑 선생님이 왜 이러는 거야?"

"채소의 저주 때문에 고기만 먹었더니 다들 성격이 괴팍해진 거래. 스트레스를 조금만 받아도 나도 모르게 화를 내고 소리를 지르고 그래."

그때 누군가가 민준이를 툭 쳤어요.

"아야, 누구야?"

민준이 앞 자리에 앉는 승민이였어요.

"왜 그래. 양승민."

"아, 짜증 나. 빨리 비켜."

민준이는 갑자기 화가 치밀어 올랐어요. 지호가 민준이를 달랬어요.

"민준아, 네가 참아."

민준이는 씩씩대며 자리에 앉았어요. 그런데 가슴이 벌렁벌렁 뛰는 거예요. 자꾸만 짜증이 났어요.

마음을 겨우 가라앉히고 수업을 듣다 보니 어느새 급식 시간이 됐어요. 민준이의 배는 음식을 달라고 요동을 치고 있었어요. 맛있는 냄새가 코끝을 살짝 건드렸어요.

'닭볶음탕에 제육볶음이라. 오늘은 남길 음식 하나도 없겠네.'

시금치 반찬을 나누어 주던 수아가 이번엔 제육볶음을 나눠 주고 있었어요.

'저 얄미운 수아랑 오늘은 안 싸워도 되겠군.'

민준이는 제육볶음을 듬뿍 받고는 자리로 돌아갔어요. 그런데 친구들은 다들 고기반찬을 아주 조금씩만 받아 갔어요. 의아해진 민준이는 지호에게 물어봤어요.

"너 왜 이렇게 조금 먹어? 네가 좋아하는 닭볶음탕이잖아."

"내가? 내가 좋아한다고? 맞다, 삼 년 전에는 좋아했었지. 닭볶음탕 안에 들어 있는 양파랑 당근만 쏙 빼고 먹었어. 말하고 나니까 촉촉한 채소들이 너무 먹고 싶네. 이제 닭볶음탕은 질려서 먹기 싫어. 이것도 배고프니까 겨우 먹는 거야. 고기만 들어 있어서 정말 느끼해. 그리고 먹으면 배 아파서 싫어. 채소랑 같이 안 먹어서 그런지 고기를 조금만 먹어도 바로 화장실로 뛰어가게 돼."

"그렇구나…."

민준이도 어제 밥 먹다가 화장실에서 한참 동안 나오지 못했던 일이 떠올랐어요. 그래도 민준이는 아직 고기반찬들이 좋았어요. 그래서 신나게 밥을 먹기 시작했지요. 하지만 지호가 말한 것처럼 고기를 먹기가 무섭게 배가 또 아파 왔어요. 지호 말대로 고기만 있으니 어쩐지 음식이 예전처럼 맛있지도 않고 무척 느끼한 것 같았고요.

그때 선생님이 말했어요.

"여러분, '채소의 저주'가 시작된 이후로 고기를 먹는 양이 급격하게 늘어나 동물들이 많이 죽어 가고 있어요. 이대로 가면 동물이 멸종해서 고기도 마음껏 먹을 수 없을 거예요. 처음에 채소

가 없어져서 좋아하던 여러분의 모습이 아직도 눈에 생생하네요. 여러분이 커서 꼭 '채소의 저주'를 풀 수 있는 약품을 개발하기를 바랍니다. 그래야 동물의 멸종 문제도 해결해 나갈 수 있을 테니까요."

갑자기 교실이 조용해졌어요.

'뭐? 동물이 멸종한다고? 뭐야, 채소가 없으니 나는 피똥만 싸는 변비 걸린 뚱보가 되고, 이제 고기도

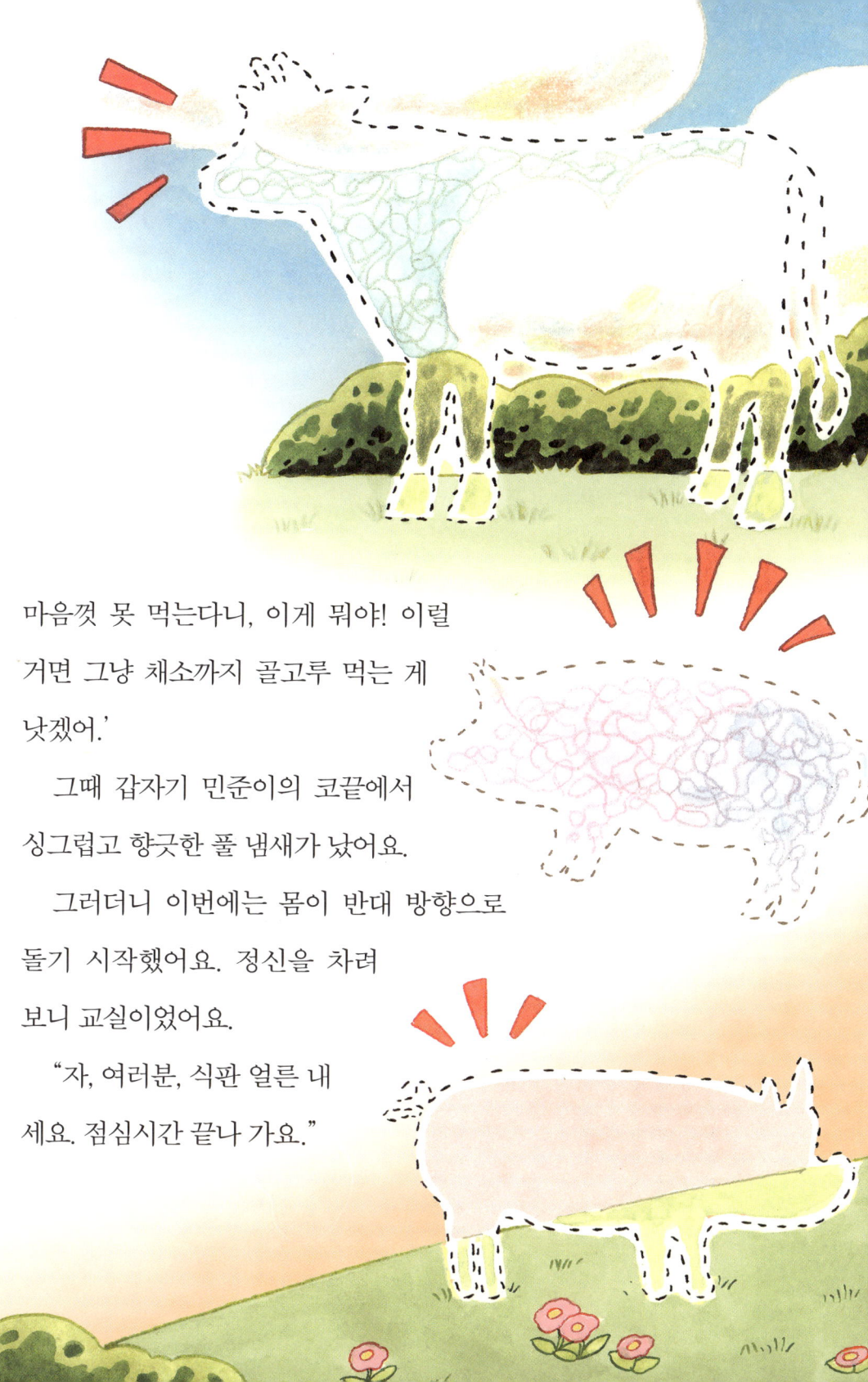

마음껏 못 먹는다니, 이게 뭐야! 이럴 거면 그냥 채소까지 골고루 먹는 게 낫겠어.'

그때 갑자기 민준이의 코끝에서 싱그럽고 향긋한 풀 냄새가 났어요.

그러더니 이번에는 몸이 반대 방향으로 돌기 시작했어요. 정신을 차려 보니 교실이었어요.

"자, 여러분, 식판 얼른 내세요. 점심시간 끝나 가요."

선생님의 목소리가 들렸어요. 식판을 내려다보니 초록빛 오이, 시금치, 주홍빛 당근, 새하얀 양파까지 채소들이 모두 멀쩡히 있었어요. 다행히 민준이가 원래 세계로 돌아온 거지요. 민준이는 '채소 없는 나라'에 있을 때보다 몸도 훨씬 가벼워지고 배도 안 아팠어요. 주위 아이들 표정도 밝았지요. 민준이는 식판을 보고는 씨익 웃으며 남은 양파를 입속에 넣었어요. 그러자 온몸 구석구석까지 말끔하고 건강해진 느낌이 들었답니다.

 ## 한 번 더 생각해 봐요

채소를 먹지 않으면 살도 찌고 변비도 생길뿐더러 자연스레 화도 많아져 다투게 된다는 걸 배웠어요. 이렇듯 건강과 행복의 필수 요소인 채소를 맛있게 먹는 방법으로는 어떤 것들이 있을까요? 여러 채소 요리법을 찾아보고 마음에 드는 요리를 적어 보세요.

- 요리 이름:

- 요리하는 방법:

빨간 공책의 새 주인

 '채소 없는 나라'에서 돌아온 민준이는 빨간 공책을 어떻게 해야 하나 고민했어요. 이제 어떤 '없는 나라'로도 떠나고 싶지 않았지요.
 '빨간 공책의 주인은 누굴까? 주운 자리에 다시 가져다 두면 주인이 찾아갈지도 몰라.'

민준이는 집으로 돌아가는 길에 공책을 원래 있던 자리에 두었어요. 그러자 신기하게도 빨간 공책이 처음 봤을 때처럼 빛을 내기 시작했어요.
'빨리 두고 가야지.'
민준이는 괜히 내 것이 아닌 것을 주웠다가 이상한 하루를 보낸 것 같았어요. '채소 없는 나라'는 두 번 다시 가고 싶지 않았어요. 민준이는 공책을 뒤로하고 허겁지겁 뛰어 집으로 돌아갔어요.

그때 민준이와 같은 반 친구인 서연이도 학교에서 집으로 돌아오고 있었어요. 서연이는 받아쓰기 시험에서 백 점을 맞아서 신이 났지요. 그런데 서연이 눈에 무언가 반짝이는 게 보였어요.

'뭐지?'

서연이는 자기가 좋아하는 반짝이는 액세서리인가 싶어서 얼른 달려가 보았어요. 하지만 거기엔 액세서리가 아니라 신기한 빛을 내는 빨간 공책만 있었지요. 서연이는 뭔가에 홀린 듯이 공책을 주웠어요.

'내가 싫어하는 게 '없는' 나라로 데려다준다고? 정말?'

서연이는 한 장을 더 넘겨 보았어요. 다음 장에는 비뚤비뚤한 글씨로 '채소'라고 적혀 있었지요.

'이 글씨를 적은 애는 '채소 없는 나라'에 간 건가? 정말일까?'

서연이는 공책이 가짜 같으면서 한편으로는 진짜 같기도 해서 쉽게 걸음을 뗄 수 없었어요. 한참 고민하던 서연이는 빨간 공책을 책가방 안에 쏙 넣고 집으로 향했답니다.

탄산음료가 있는데 물을 왜 마셔?

"좋아! 오늘 저녁은 피자다!"

"야, 신난다! 아빠, 콜라도 콜라도!"

딩동! 금방 피자가 배달되었어요. 하지만 서연이에게는 피자보다 반가운 것이 따로 있었어요. 바로 콜라예요. 서연이는 콜라를 정말 좋아해서 물보다 많이 마실 정도였어요. 서연이는 피자를 먹으면서 어느새 콜라 한 병을 혼자 다 마셨어요.

"여보, 서연이 콜라 그만 먹어야 하는데 괜히 피자 사 줘서 또 한 병 다 먹었잖아요."

"서연아, 아빠는 걱정이다. 너 정말 탄산음료 너무 많이 마시는 것 같아. 좀 줄여야지.”

"알았어요."

서연이는 아빠와 약속하긴 했지만 지킬 자신이 없었어요.

다음 날이었어요. 학교가 끝난 후 집에 가는데 햇볕이 너무 뜨거웠어요. 땀이 비 오듯 흘렀지요. 시원한 탄산음료 한 잔이면 더위가 싹 가실 것 같았어요.

'분명히 할머니가 주신 용돈이 남았는데.'

주말에 할머니 댁에 갔다가 용돈을 받았거든요. 서연이는 잃어버릴까 걱정되니 맡아 주겠다는 엄마로부터 필사적으로 용돈을 지켜 냈지요. 새로 나온 캐릭터 스티커도 사고 간식도 사 먹으려고요.

"여기 있다!"

가방 구석에서 용돈으로 받았던 오천 원짜리 한 장을 찾았어요. 서연이는 편의점에 들어가서 탄산음료를 샀어요. 콜라였지요. 벌컥벌컥 마시니 그제야 더위가 가시는 것 같았어요. 뽀글뽀글 거품이 올라오는 걸 보면 누가 만들었는지 신기하기만 해요. 그런데 참 이상한 것은 그렇게 시원하다가도 금세 또 목이 마르는 거예요. 마신 지 얼마 지나지 않았는데 금방 또 목이 바짝바짝 말

라오는 게 느껴졌어요.

목은 마르고 날은 더우니 계속 땀이 삐질삐질 흘렀지요. 서연이는 걸음을 서둘렀어요. 얼른 집에 가서 TV를 보면서 콜라를 한 잔 더 마시면 좋겠다고 생각했어요.

바삐 걸어 금방 집에 도착한 서연이는 문을 열자마자 냉장고부터 찾았어요. 콜라병이 서연이를 향해 웃고 있었지요. 뚜껑을 열 때 들리는 '쏴' 하는 시원한 소리가 기분 좋았어요.

"캬, 시원하다!"

검은빛의 이 음료수, 톡 쏘면서 달콤한 게 정말이지 기가 막히는 맛이었어요.

"김서연! 콜라 그만 마시라고 했지? 어제 사 놓은 그 큰 콜라를 벌써 다 마신 거야? 내가 못 살아."

엄마는 서연이 손에 있던 콜라를 빼앗았어요.

"음료수 많이 마시면 이 썩는다고 했잖아. 그만 마셔."

"엄마, 너무 목이 말라서 그래."

"그럼 물을 마시면 되지."

"콜라 딱 한 잔만 더 마시고 물 마실게요."

"어머, 애가 정말…. 자, 이거 받아."

"이게 뭐예요?"

엄마가 건넨 건 일 리터짜리 생수병이었어요.

"오늘 하루 동안 이 물 다 마시면 콜라 한 잔 마시게 해 줄게."

"네? 엄마, 일 리터는 너무 많아요. 어떻게 물을 이렇게 많이 마셔요."

"서연이 너는 이것보다 콜라를 더 많이 마시거든?"

"그건 콜라니까. 콜라랑 물은 다르잖아요."

"물을 더 많이 마셔야 하는 거 아니니? 그게 당연한 거야."

엄마는 큰 물통 가득 물을 담아 줬어요.

'이 많은 물을 다 마셔야 콜라를 마실 수 있다니….'

엄마한테 들키면 큰일인데…

 엄마는 서연이가 물을 꾸준히 마시고 있는지 오며 가며 살펴보았어요. 서연이는 엄마 눈치를 보면서 물을 마셨어요.

 목이 마를 때 마실 수 있는 음료수가 냉장고에 가득한데 왜 심심하고 아무 맛도 안 나는 물을 마셔야 할까요?

 서연이가 그런 생각을 하며 숙제를 하고 있었는데 엄마가 전화를 받느라 방에 들어갔어요.

 '어? 엄마가 방에 들어갔네?'

 슬금슬금 눈치를 보던 서연이는 얼른 싱크대로 가서 생수병에 있는 물을 쏟아붓기 시작했어요. 그때였어요.

"얘, 김서연!"

어느새 방에서 나온 엄마가 서연이를 보고 버럭 소리를 질렀어요. 엄마의 화난 목소리에 깜짝 놀란 서연이는 고개를 돌리다가 싱크대 위에서 입을 벌리고 있던 생수병을 떨어뜨렸어요.

"어, 엄마."

"너 지금 뭐 하는 거야! 엄마가 물 다 마시고 콜라 마시자고 했더니 물을 버려? 너 도저히 안 되겠다. 앞으로 콜라 금지야!"

콜라 금지라는 말에 깜짝 놀란 서연이가 다급히 말했어요.

"그럼 사이다는요? 콜라 금지니까 사이다는 괜찮죠?"
"뭐야? 모든 탄산음료 금지야! 목이 마르면 물을 마셔야지."
서연이는 너무 서러운 마음이 들어 눈물이 났어요.
"뭘 잘했다고 울어? 콜라 마시다가 엄마한테 들키기만 해 봐. 크게 혼날 줄 알아."
서연이는 고개를 푹 숙이고 방으로 들어갔어요.
"엄마는 괜히 그래. 콜라 마시면 돈 드니까 그러는 거지."
그때 서연이의 머릿속에 어떤 생각이 스쳐 갔어요.
서연이는 가방 속에서 빨간 공책을 꺼냈어요.
'흥, 엄마 미워. 난 물 없는 세상으로 떠날 거야.'
서연이는 빨간 공책을 펴서 빈 종이에 '물'이라고 적었어요.

물 없는 나라로 보내 줘!!

 공책에 글씨를 쓰자 서연이의 몸이 빙글빙글 돌았어요. 뭔가 바싹 말라붙은 흙냄새가 나는 것 같았어요.
 쿵! 빙글빙글 돌다 갑자기 확 내던져진 서연이는 주변 풍경이 확 달라졌다는 걸 알아챘어요.
 '어라, 여기가 어디지?'
 서연이는 갑자기 얼굴이 화끈거리고 뺨에 땀이 주르륵 흐르고 있다는 사실을 깨달았어요. 옆을 보니 처음 보는 흑인 친구들이 서 있었어요.

"너는 누구니? 어디서 왔어?"

흑인 친구들이 서연이에게 물었어요.

"어? 나, 나는 김서연이라고 해. 한국에서 왔어."

"그래? 나는 말콤이야. 우리 물 뜨러 가는 길인데 도와줄래?"

"으응."

서연이는 흑인 친구들과 함께 우물가에 도착했어요.

하지만 우물이라고 해 봤자 움푹 팬 땅에 흙탕물이 고여 있을 뿐이었어요.

"이 물을 마시겠다고?"

서연이가 깜짝 놀라서 물었어요.

"이 물도 얼마 없어서 서로 자기들이 마시려고 하는걸."

말콤은 흙탕물을 열심히 물통에 넣었어요.

"다 넣었다. 서연아, 무거운데 같이 좀 들어 줘."

물통은 돌덩이처럼 무거웠어요. 말콤과 서연이는 낑낑대며 물통을 들고 한 마을에 도착했어요.

"여기가 우리 집이야. 그리고 얘는 우리 동생이야."

말콤이 가리킨 아기는 젖병 대신 꼬질꼬질한 페트병을 들고 있었어요. 그런데 그 페트병 안에는 우유도 아니고 물도 아닌 흙탕물이 들어 있었어요. 갑자기 아기가 울기 시작했어요.

"배가 아파서 그래. 오염된 물을 자꾸 마시고 더러운 물로 씻다 보니 병에 걸렸거든."

"안 마시면 되잖아. 여기 콜라는 없니? 말콤, 네 동생은 콜라를 좋아할 것 같은데?"

"야, 물이 없는데 콜라가 어떻게 있겠냐? 그리고 목이 마른데 물을 안 마실 수는 없잖아. 더러운 물을 마시면 아플 걸 알지만 살려면 어쩔 수 없이 이거라도 마셔야 해."

갑자기 건너편 집에서 울음소리가 났어요.

"어? 누가 우는 거야? 무슨 일 있어?"

"아이고, 옆집 아이가 결국 하늘나라로 떠났나 보구나."

말콤의 어머니가 말씀하셨어요.

"네? 왜요?"

"더러운 물을 마셔서 전염병에 걸려 죽은 거야. 수많은 아이들이 더러운 물 때문에 죽어 가고 있단다. 나도 우리 아기에게 깨끗

한 물을 먹이고 싶고 깨끗한 물로 씻기고 싶은데…."

말콤의 어머니는 울기 시작했어요.

"엄마, 제가 물 좀 더 떠 올게요."

말콤은 물통을 챙겨서 집을 나섰어요. 서연이도 말콤을 따라갔죠. 마을과 우물 사이에 수많은 아이들이 낑낑대며 자기 몸집보다 큰 물통을 들고 있었어요.

"이렇게 먼 길을 무거운 물통을 들고 왔다 갔다 하는 거야?"

"응. 우리에게는 이 물도 소중하니까."

서연이는 아까 전, 엄마 몰래 싱크대에 콸콸 쏟아 버렸던 물이 생각났어요.

'이게 뭐람. 난 물이 없는 대신 콜라를 마음껏 마실 수 있는 나라를 가고 싶었던 거지 이런 식으로 '물이 부족한 나라'에 오고 싶었던 건 아니라고! 엉터리 빨간 공책!'

그때였어요. 서연이의 몸이 다시 한번 빙글빙글 돌기 시작했어요. 그리고 이번에는 코끝에서 달콤하고 끈적한 음료수 냄새가 났어요.

뼈에 구멍이 숭숭 뚫린 사람들

쿵! 이번에도 서연이는 낯선 곳에 도착했어요.

'아야야, 이번에는 어디로 떨어진 거지?'

서연이가 주위를 둘러보니 집 앞 슈퍼마켓이었어요. 슈퍼마켓 냉장고 안에는 탄산음료만 가득했어요.

'오예! 드디어 내가 원하는 나라에 왔다!'

서연이는 신이 나서 탄산음료를 잔뜩 샀어요. 그리고 콜라를 벌컥벌컥 마시기 시작했어요.

'아, 시원하다. 아까 거기는 생각만 해도 목이 말라. 여기에서 쭉 살아야겠다.'

서연이는 콜라를 마시면서 걸어가다 앞에 있는 돌부리를 못 보고 걸려 넘어지고 말았어요.

"아야야!"

서연이는 땅을 짚고 일어서려고 했지만 어떻게 된 건지 다리가 너무 아파서 도저히 일어날 수가 없었어요.

'겨우 살짝 넘어졌을 뿐인데 왜 이러지?'

"도와주세요!"

서연이는 어쩔 수 없이 지나가던 사람들에게 소리를 질렀어요.

"아이고, 너 왜 그러니? 혹시 넘어진 거니?"

"네. 넘어졌는데 일어나질 못하겠어요."

"조심해야지. 다리 보호대도 안 하고 있네."

"다리 보호대요?"

"물이 없어지고 다들 탄산음료만 마시니 몸에 칼슘이 잘 흡수되지 않아서 뼈가 아주 연약해졌잖아. 그래서 이렇게 다리 보호대를 차지 않으면 실수로 넘어지거나 세게 부딪힐 때 뼈가 쉽게 부러진단다. 너 어서 병원으로 가야겠다. 우선 부모님께 전화부터 하자꾸나."

아주머니는 서연이의 핸드폰으로 서연이네 집에 전화를 걸었어요. 엄마는 병원으로 온다고 했고 서연이는 아주머니와 함께 병원에 갔어요. 병원에는 목발을 짚고 있는 환자들이 많았어요. 게다가 마스크를 쓰고 콜록콜록 기침하는 사람들도 많았어요.

"아주머니, 마스크 쓰고 있는 사람이 왜 이렇게 많아요? 독감이라도 돌고 있어요?"

"너 어디서 왔니? 왜 이렇게 모르는 게 많아? 물은 못 마시고 콜라만 마신 지 오래되니까 다들 병균으로부터 몸을 지켜 내는 힘이 약해졌잖니. 그래서 자주 아프고 감기에도 쉽게 걸려서 환자들이 많아진 거지."

'콜라가 몸에 그렇게 안 좋다고? 충격적이야….'

하지만 진료실에서 의사 선생님께 들은 말은 더 놀라웠어요. 의사 선생님이 서연이의 다리를 살짝 만졌어요.

"아, 아파요. 선생님."

"아이고, 다리뼈가 부러졌네요."

"뼈가 부러졌다고요? 저는 그냥 살짝만 넘어진 건데요?"

"앞으로 무조건 다리 보호대 차고 다니고 넘어지지 않게 조심하렴. 자, 깁스 착용했으니까 앞으로 육 개월은 하고 다녀야 한다."

"육 개월이요?"

"뼈가 약하니 다시 붙는 데도 시간이 오래 걸려. 그리고 한동안은 콜라 대신 물을 먹으렴."

"어? 여기에 물이 있어요?"

"탄산음료를 순수한 물로 만드는 데는 성공했지만 그렇게 해서 얻을 수 있는 물의 양이 너무 적어서 물이 정말 비싸졌지. 어쨌든 뼈가 잘 붙으려면 비싸긴 해도 당분간은 물을 마시도록 하렴."

서연이는 목발을 짚고 진료실에서 나왔어요. 놀란 엄마가 병원에 달려와 계셨죠.

"서연아! 어쩌다가 다리 보호대를 안 차고 나간 거야. 아이고, 이를 어쩌니."

확실히 주변을 둘러보니 사람들이 전부 다 다리 보호대를 차고 있었어요.

'아, 저런 걸 계속 차고 있으려면 정말 갑갑하겠다.'

목발을 짚고 걷는 건 쉽지 않았어요. 다리도 아팠고, 팔도 아팠어요. 다행히 약국은 병원 근처에 있었어요.

"여기 물 한 병 주세요."

"네. 오만 팔천 원입니다."

"네? 오만 팔천 원이요?"

서연이는 깜짝 놀랐어요. 물 한 병 가격이 이렇게까지 비싸다니 믿을 수가 없었어요. 게다가 약사 아저씨가 건네준 건 아주 조

그마한 병이었어요.

"물 잘 챙겨 먹고 빨리 낫길 바란다."

서연이는 속상했어요. 탄산음료를 마음껏 마시러 왔는데 오자마자 뼈가 부러지는 바람에 탄산음료도 못 마시고 물도 비싸서 마음껏 못 마시게 되었어요. 그리고 탄산음료만 마시면 좋을 줄 알았는데 병도 쉽게 걸리고 살짝 넘어져도 뼈가 부러지다니 겁이 나기도 했어요.

'짜증 나. 이럴 거면 물을 많이 마시고 탄산음료는

가끔씩만 마시는 게 더 낫겠어.'

그때 몸이 처음과는 반대 방향으로 돌기 시작했어요.

쿵! 서연이가 떨어진 곳은 '물 없는 나라'로 떠나기 전, 숙제를 하고 있던 거실이었어요.

서연이는 얼른 생수병에 있는 물을 벌컥벌컥 마셨어요.

"아, 시원하다!"

시원하게 물을 마신 서연이는 빨간 공책을 다시 보았어요. 그러고는 빨간 공책을 들고 나가 주웠던 자리에 그대로 놓았어요.

"빨간 공책아, 어서 주인에게 돌아가렴!"

 ## 한 번 더 생각해 봐요

물은 우리 몸에서 가장 중요한 성분 중 하나예요. 일상생활에서도 꼭 필요한 것이고요. 물의 유용한 점을 찾아 적어 보세요.

 ## 한 번 더 생각해 봐요

물을 충분히 마시지 않으면 병에 걸릴 수도 있고 몸도 안 좋아져요. 내 몸에 물이 부족할 때 걸릴 수 있는 병으로는 무엇이 있는지 찾아 적어 보세요.

과자 먹었는데 밥도 먹어야 해요?

"록이야, 밥 먹자."

록이 엄마는 저녁상을 푸짐하게 차려 놓고 록이를 불렀어요.

"엄마, 난 밥 안 먹을래요."

"밥을 왜 안 먹어?"

록이 옆에는 다 먹은 과자 봉지들이 잔뜩 널려 있었어요.

"이렇게 과자를 많이 먹으니 입맛이 없지. 그래도 밥 먹어야 해. 어서 식탁으로 와서 앉아."

"엄마, 배부르단 말이에요. 도저히 못 먹겠어요."

"과자만 먹고 밥을 굶는다니 말이 되니? 이리 와서 밥 먹어!"

록이는 화난 엄마 손에 이끌려 식탁 앞에 앉기는 했지만, 밥은 안 먹고 계속 딴짓만 했어요.

"한록이! 입 벌려!"

엄마는 억지로 록이의 입에 밥과 반찬을 얹은 숟가락을 넣었어요. 그렇게 다섯 번을 먹고 나서야 록이는 겨우 풀려날 수 있었어요.

"아휴, 정말. 들어가서 숙제나 해!"

'아, 밥 먹기 진짜 싫어. 과자 먹으면 배부른데 왜 밥을 꼭 먹어야 하지?'

록이는 방으로 들어가면서 툴툴댔어요. 그런데 밥을 먹고 났더니 후식으로 달콤한 초콜릿 생각이 났어요. 록이는 저금통에서 오백 원짜리 몇 개를 빼냈어요.

'엄마 몰래 나가서 사 와야겠다.'

록이는 방문을 살짝 열었어요. 다행히 엄마는 정신없이 설거지를 하고 있었어요. 그 틈을 노려 록이는 살금살금 소리 없이 걸어 집 밖으로 몰래 나왔어요.

그러고는 과자를 살 생각에 신이 나서 뛰어가는데 저 멀리서 뭔가 반짝이는 게 보였어요.

"어? 뭐지? 공책 같은데 왜 빛이 나는 거지?"

공책 표지에는 '( )이 없는 나라'라는 제목이 적혀 있었어요. 공책을 펼쳐 보니 누가 뭔가를 적어 놓은 흔적이 보였지요.

'채소, 물? 채소 없는 나라랑 물 없는 나라에 갔단 건가? 에이, 장난이겠지. 요즘 공책은 참 재미있게 나온다. 어, 그러고 보니 아까는 분명히 빛이 났었는데, 잘못 봤나?'

록이는 평범해 보이는 빨간 공책을 다시 길 위에 놓아 두었어요. 그러자 공책이 다시 빛나기 시작했어요.

'이거 참 신기하네. 학교 친구들 물건 같은데 가져가서 내일 학교 분실물 상자에 넣어 둬야겠다.'

록이는 빨간 공책을 챙겨서 슈퍼로 갔어요. 그리고 달콤한 초콜릿을 사서 집으로 돌아가기 전에 다 먹어 치웠어요. 아뿔싸, 그런데 엄마가 설거지를 다 마치고는 록이를 기다리고 있었어요.

"한록이, 너 어디 갔다 오는 거니?"

"응? 그냥 잠깐 밖에 친구 만나러…."

엄마는 록이의 얼굴을 찬찬히 살폈어요.

"너 초콜릿 사 먹었지?"

"아, 아니. 안 먹었어."

"얘가 거짓말도 하네. 입 주위에 초콜릿이 다 묻어 있거든!"

록이는 아차 싶었어요. 집에 도착하기 전에 다 먹어야 해서 급히 먹느라 입에 묻은 줄도 몰랐어요.

"너 도저히 안 되겠다. 학교 갔다가 집에 올 땐 문구점에서 불량 식품, 집에 와서는 과자, 저녁에는 또 초콜릿. 네가 생각해도 과자를 너무 많이 먹는 거 같지 않니?"

엄마는 록이 방에 있던 모든 저금통과 비상금을 다 찾아냈어요.

"오늘부터 록이 너는 용돈 하나도 없어! 엄마, 아빠도 절대 과자 안 사 줄 거야. 그리 알아. 배가 고파 봐야 밥이 얼마나 맛있고 소중한지 알 거 아니야?"

록이는 기분이 나빠져서 그냥 방으로 들어갔어요.

과자와 불량 식품만 '있는' 나라

방에 들어간 록이는 아까 주워 온 빨간 공책을 펼쳐 구경했어요.

여러분은 이 세상에서 완전히 없어지면 좋겠다 싶을 정도로 싫어하는 것이 있나요? 이 공책에 적어 보세요. 그것이 '없는' 나라로 여러분을 데려다줄 것입니다. 공책을 펼치고 세상에서 사라지길 원하는 것을 적어 보세요.

'없는 나라라. 없는 나라 말고 있는 나라는 안 되려나?'

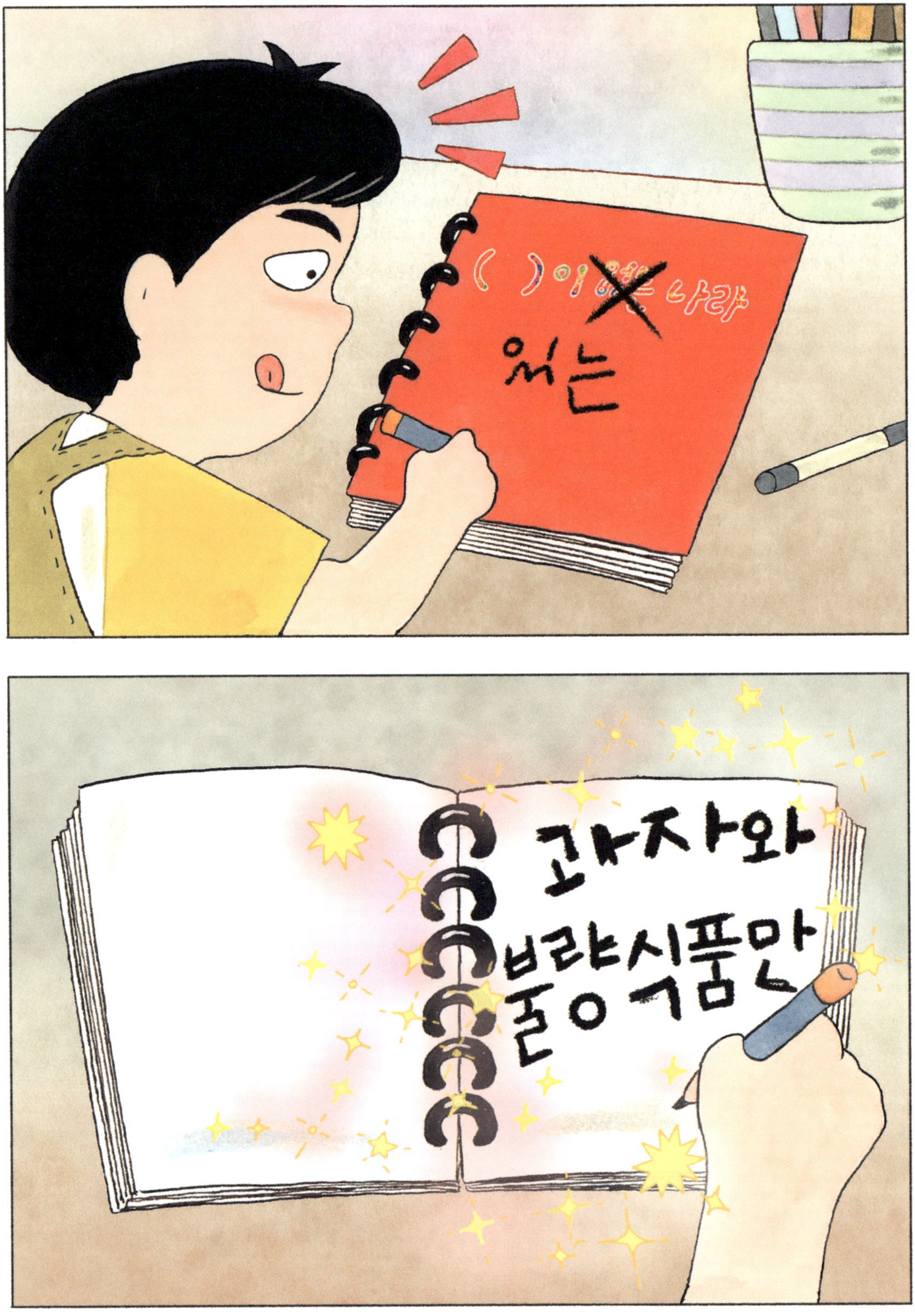
( )이 있는 나라
없는
과자와
불량식품만

록이는 빨간 공책의 표지에 연필로 죽죽 선을 긋고는 '없는'을 '있는'으로 고쳐 적었어요. 그리고 공책에 '과자와 불량 식품만'이라고 썼어요.

'아, 상상만 해도 좋다.'

그때 록이의 몸이 갑자기 빙글빙글 돌기 시작했어요. 그리고 달콤한 과자 냄새가 코끝에서 느껴졌어요.

"어어, 이게 뭐지? 으아악! 살려 주세요!"

겁 많은 록이가 소리를 지르기도 잠시, 쿵 소리와 함께 떨어진 곳은 집 앞 도로였어요.

'어라, 장난이 아니라 설마 정말 과자만 있는 나라에 온 건가?'

그때 록이 짝꿍 지수가 지나갔어요.

"앗, 지수야."

"어? 로오기 너구나?"

지수의 발음이 이상했어요. 그리고 지수의 얼굴에는 울긋불긋 두드러기 같은 게 나 있었어요.

"지수 너 어디 가?"

"응. 슈퍼에 가려고."

"같이 가자."

지수와 함께 슈퍼에 간 록이는 깜짝 놀라고 말았어요. 슈퍼는 그동안 록이가 좋아했던 모든 종류의 과자와 문방구에서 팔던 불량 식품들로만 가득 차 있었거든요.

"우와! 지수야, 신난다!"

"뭐가?"

"여기 이렇게 맛있는 것들만 있잖아."

"그런가? 매일 먹다 보니까 딱히 맛있는지 모르겠어."

"그런데 너 어디 아프니? 얼굴에 빨간 건 뭐야?"

"록이야, 너도 그래. 옆에 거울을 봐."

"어? 나도 그렇게 울긋불긋하다고?"

록이는 진열대 옆에 있는 거울에 얼굴을 비춰 봤어요. 지수 얼굴처럼 뾰루지 같은 게 한가득 나 있었어요.

"악! 내 얼굴이 왜 이래!"

"과자랑 불량 식품밖에 먹을 게 없어서 그렇지. 과자 봉지에 적힌 소비 기한 좀 봐."

"소비 기한?"

"언제까지 먹을 수 있는지 날짜가 적힌 거."

"우와! 일 년이나 먹을 수 있네. 과자는 역시 진짜 좋은 음식이구나."

"일 년이나 먹을 수 있는 건, 거기에 방부제가 엄청나게 들어

갔다는 뜻 아니겠어? 음식이 상하지 않도록 하는 거지. 그 정도로 오래 먹을 수 있는 건 방부제로 목욕했다고 할 수 있겠지. 방부제는 몸에 엄청 해로운데 말이야. 그리고 과자에 들어 있는 다른 재료들도 봐."

"여기 조그마한 글씨로 적혀 있는 거?"

"그래. 그것들이 합성 착향료, 합성 색소 같은 과자의 맛을 내고 색을 내는 화학 물질이야. 우리 몸에 정말 나쁘대."

"그런데 지수 너 아까부터 발음이 이상해. 갑자기 왜 그러는 거야?"

"매일 과자랑 사탕만 먹었더니 이가 빠졌어."

"뭐야?"

그러고 보니 록이의 이도 욱신욱신 아팠어요. 하지만 록이는 커다란 슈퍼마켓에 온통 과자와 불량 식품만 있는 것을 보니, 이가 아픈 것도 참을 수 있었지요. 그런데 갑자기 어딘가에서 사람들이 싸우는 소리가 들렸어요. 가만 보니 이쪽이고 저쪽이고 큰 소리가 나지 않는 곳이 없었어요.

"야! 내가 먼저 집은 과자거든?"

"내가 먼저 집었다고!"

"대체 이 슈퍼는 과자를 왜 이렇게 비싸게 파는 거야?"

"과자값이 다 똑같지. 별 이상한 사람 다 보겠네!"

"지수야, 사람들이 왜 이렇게 싸우는 거야?"

"불량 식품만 먹다 보니까 사람들이 어딘가 좀 이상해진 것 같아. 엄마가 그렇게 말하셨어."

여기저기서 싸우는 사람들 때문에 록이는 겨우 사탕 하나만 집어 올 수 있었어요.

'이가 아프긴 하지만 그래도 사탕 하나쯤은 괜찮겠지.'

록이는 알록달록한 사탕을 계산하고 얼른 맛봤어요. 달콤함이 입안 가득 퍼지는 게 느껴졌어요.

"아, 맛있다! 지수야. 난 집에 가 볼게."

"잘 가! 내일 보자."

가장 달콤한 건 가족의 사랑

록이는 사탕을 한 알 먹고 두 알 먹고 세 알 먹으며 신나게 집으로 갔어요.

"엄마! 아빠!"

그런데 집이 텅텅 비어 있었어요. 록이는 엄마에게 전화를 했지만 엄마는 전화를 받지 않았어요.

'이상하다. 다들 어디 가셨지?'

록이는 아빠에게도 전화를 걸었어요. 하지만 아빠도 전화를 받지 않았어요. 록이는 지수에게 전화를 걸었어요.

"지수야. 우리 엄마, 아빠가 집에 안 계셔."

"너 왜 그래? 너희 엄마, 아빠 두 분 다 병원에 계시잖아."

"어? 병원에는 왜?"

갑자기 록이는 정신이 바짝 들었어요.

"당뇨에 걸리셨잖아. 너무 단 음식만 먹으니까 많은 사람들이 당뇨에 걸려서 몸이 썩고 일찍 죽어."

"그, 그게 대체 무슨 소리야."

그때 갑자기 록이의 배가 아프기 시작했어요. 이도 엄청나게 욱신거렸어요.

식은땀을 뻘뻘 흘리던 록이는 방바닥에 쓰러졌어요.

'록이야, 불량 식품은 건강에 안 좋고 안전하지도 않아. 그런 것만 먹으면 네 몸이 아플 수 있어.'

갑자기 엄마가 했던 말이 록이의 귓가에 맴돌았어요.

"엄마, 아빠…."

'이럴 줄 알았으면 엄마 말대로 과자는 적당히 먹을걸…. 엄마, 아빠가 아픈데 과자만 있는 나라가 다 무슨 소용이야.'

눈물을 흘리던 록이는 갑자기 몸이 반대로 빙글빙글 도는 것을 느꼈어요.

쿵! 정신을 차려 보니 익숙한 엄마 목소리가 귀에 들렸어요.

"록이야, 아빠 오셨다. 나와서 인사해라."

"어? 엄마? 아빠?"

록이는 록이 방으로 다시 돌아와 있었어요.

"아빠!"

록이는 현관으로 달려가 아빠의 품에 폭 안겼어요. 그리고 아빠 손에 있던 과자가 든 비닐봉지를 빼앗았어요.

"아빠, 이제 저 과자 같은 거 안 좋아해요."

"응? 과자라면 죽고 못 사는 녀석이."

"저 이제 과자랑 불량 식품 안 먹을 거예요!"

엄마, 아빠는 그런 록이를 보며 록이가 철들었다며 하하 호호 웃었어요.

록이는 건강한 엄마, 아빠가 있는 곳으로 돌아와 정말 기뻤답니다.

 **한 번 더 생각해 봐요**

좋아하는 과자가 있나요? 그 과자의 봉지에 적힌 소비 기한과 해로운 첨가물을 찾아 적어 보세요.

- 좋아하는 과자 이름:

- 소비 기한:

- 해로운 첨가물:

 ## 한 번 더 생각해 봐요

과자 대신 건강하게 먹을 수 있는 간식으로는 견과류, 과일, 요거트, 계란 등이 있어요. 건강한 간식들에는 어떤 영양소가 풍부한지, 왜 몸에 좋은지 찾아 적어 보세요.

- 견과류:

- 요거트:

- 과일:

- 계란:

록이는 빨간 공책을 어떻게 해야 하나 고민이 되었어요.

'이건 보통 공책이 아니야. 도대체 이 공책은 어디서 온 거지?'

공책의 앞 장에 '채소', '물'이라고 적힌 것을 다시 보았어요.

'이 공책을 주웠던 아이들은 나처럼 신기한 나라에 갔다 왔을까? 이 공책을 도로 돌려 놓으면 또 누군가 주워 가려나?'

록이는 빨간 공책을 원래 있던 자리에 가져다 두었어요. 어쩐지 발길이 떨어지지 않았지만 다시 집으로 발걸음을 옮겼어요. 그때 저쪽에서 반짝거리는 공책을 발견하고 달려오는 친구가 보였어요. 록이의 반 친구 규민이었어요. 록이는 규민이를 보며 씩 웃었답니다. 여러분은 어떤 것이 없는 나라에 가 보고 싶나요? 그 나라에 가면 어떤 일이 일어날까요?

똑 부러지는 어린이 ❶ 식습관 편
무엇이든 골고루 먹어요

초판 1쇄 발행 2025년 4월 8일

글쓴이 이서윤
그린이 국민지
펴낸이 민혜영
펴낸곳 (주)데이스타
주소 서울특별시 마포구 월드컵로14길 56, 3~5층
전화 02-303-5580 | **팩스** 02-2179-8768
홈페이지 www.cassiopeiabook.com | **전자우편** editor@cassiopeiabook.com
출판등록 2012년 12월 27일 제2014-000277호

ⓒ이서윤·국민지, 2025
ISBN 979-11-6827-287-3 73810

이 책은 저작권법에 따라 보호받는 저작물이므로 무단 전재와 무단 복제를 금지하며, 이 책의 전부 또는 일부를 이용하려면 반드시 저작권자와 (주)카시오페아 출판사의 서면 동의를 받아야 합니다.

- 데이스타는 (주)카시오페아 출판사의 어린이·청소년 브랜드입니다.
- 잘못된 책은 구입하신 곳에서 바꿔 드립니다.
- 책값은 뒤표지에 있습니다.